NOTICE

CHARLES COQUEREL

DOCTEUR EN MÉDECINE

CHIRURGIEN DE PREMIÈRE CLASSE DE LA MARINE FRANÇAISE

CHEVALIER DE LA LÉGION D'HONNEUR

PAR

ALFRED GRANDIDIER

NOTICE

SUR

CHARLES COQUEREL

DOCTEUR EN MÉDECINE
CHIRURGIEN DE PREMIÈRE CLASSE DE LA MARINE FRANÇAISE
CHEVALIER DE LA LÉGION D'HONNEUR

PAR

ALFRED GRANDIDIER

PARIS

IMPRIMERIE DE J. CLAYE
RUE SAINT-BENOIT, 7

—

1867

NOTICE

SUR

CHARLES COQUEREL

Il y a trois mois, quelques amis accompagnaient à sa dernière demeure un homme dont la mort prématurée a été un profond chagrin pour tous ceux qui l'ont connu, un grand malheur pour la science à laquelle il avait consacré sa vie.

La triste cérémonie à laquelle ils assistaient avait lieu à Salazie (île de la Réunion), où Charles Coquerel venait de succomber, jeune encore, à une grave maladie contractée sous le climat insalubre des tropiques. Nulle voix ne chercha à s'élever sur sa tombe; il avait désiré sortir du monde aussi modestement qu'il y avait vécu. Divers organes de la presse ont payé à Charles Coquerel un juste tribut de regrets, mais leurs éloges laissent encore place à une simple notice biographique.

Charles Coquerel naquit à Amsterdam, en Hollande, le 2 décembre 1822. Fils d'Athanase Coquerel, pasteur protestant, dont l'excellente réputation est due autant à son caractère qu'à son talent, il eut constamment sous les yeux, dès son enfance, le noble exemple de la vie laborieuse de ses parents. Il reçut à Paris une éducation distinguée, et compta parmi les compagnons de sa jeunesse des hommes devenus célèbres dans les sciences.

Après trois années d'études en médecine, dominé par la passion des voyages, il entra dans la marine royale. Ses débuts y furent difficiles : nommé au concours chirurgien de 3ᵉ classe en juin 1845, il n'eut pas d'abord le bonheur de visiter les contrées tropicales, dont la belle nature et les richesses zoologiques l'attiraient et avaient influencé son choix ; il fit une simple campagne d'escadre dans la Méditerranée. sur le vaisseau le *Diadème.*

Les années suivantes, ses désirs furent exaucés, et en 1846 il commença la série des beaux voyages qui devaient lui permettre de recueillir les nombreuses observations et de faire les intéressantes découvertes qu'il a successivement publiées dans les bulletins de diverses sociétés savantes.

Embarqué sur la *Belle-Poule,* puis sur la *Prudente,* il visita Bourbon, Madagascar, Ceylan, Pondichéry. Pendant la courte station qu'il fit à Madagascar, il put étudier les habitudes curieuses et encore inconnues des Tanrecs et de l'Éricule, et publia à ce sujet une note intéressante dans la *Revue de zoologie;* il découvrit aussi une nouvelle musaraigne dont il a donné la description dans les *Annales des sciences naturelles.*

A peine de retour en France, il repartit sur l'*Élan* pour les Antilles. A la suite de ce voyage, il publia des observations sur divers coléoptères qu'il recueillit dans ces contrées. Il était déjà, à cette époque, l'un des membres les plus zélés de la Société entomologique de France, aux travaux de laquelle il n'a cessé de contribuer avec succès durant toute sa vie.

En 1849, il revint à Paris et obtint le diplôme de docteur en médecine, grade pour lequel il avait été retardé par son goût passionné pour les recherches scientifiques. Sa thèse traitait de la cécité nocturne, et il y fit preuve de connaissances étendues et d'idées neuves.

Après une campagne fastidieuse dans l'océan Indien et la Méditerranée sur la frégate-école des canonniers, *Minerve,* il obtint au concours, le 3 décembre 1850, le grade de chirurgien de 2ᵉ classe et fut détaché pour le service colonial, à Bourbon.

Habitant tour à tour, de 1851 à 1854, les îles de Sainte-Marie de Madagascar, de Mayotte, de Nossi-bé, il s'occupa d'une manière active des maladies locales; son habileté comme chirurgien et comme médecin a laissé partout des impressions durables. Il se livrait en même temps à sa passion favorite, l'histoire naturelle. Chaque année les *Annales de la Société entomologique* ont enregistré ses importants travaux sur les insectes si remarquables de ces contrées presque inexplorées.

Lorsque éclata le guerre de Crimée, Charles Coquerel eut l'avantage d'être appelé à faire cette célèbre campagne, où ses services ont été justement appréciés. Une série de lettres intimes, où brillent la netteté de son esprit et la finesse de ses observations, offre un grand intérêt; elles présentent le saisissant tableau des événements qui se passaient sous ses yeux.

En 1856, il fut nommé chirurgien-major de la frégate le *Caffarelli*, et il passa l'hiver à Ketch comme chef de service médical de la station.

La guerre terminée, il abandonna momentanément la navigation, pour faire de juin 1856 à juin 1858 le service de l'hôpital de Mers-el-Kébir (en Algérie). Ses loisirs furent heureusement occupés à rassembler des documents neufs et pleins d'intérêt sur les coléoptères de Barbarie. Il publia ces travaux en 1858, 1860 et 1866, en collaboration avec un de ses amis, M. L. Fairmaire.

En Italie comme en Crimée, ses services appelèrent sur lui l'attention, et il fut l'objet d'une honorable distinction pour son mérite. C'est sur le *Darien* qu'il fit cette dernière campagne, dont il a apprécié dans ses lettres les phases diverses.

Nommé chirurgien de première classe le 19 mai 1860, il alla d'abord en Syrie, sur le *Fontenoy*. Une maladie d'une gravité extrême, trop commune dans ces malheureuses contrées, le força à prendre un congé ; mais il ne put jamais se remettre complétement des atteintes de la dyssenterie, et il porta dès lors avec lui le germe du mal qui devait l'enlever si jeune encore à la vive affection de sa famille et de ses amis.

Le 17 juillet 1862, toujours faible et maladif, il se décida à abandonner la navigation, et fut attaché au service colonial. On l'envoya à la Réunion où, libre d'une partie de son temps, il se livra de nouveau avec ardeur aux études de l'histoire naturelle : après avoir payé aux souffrances de ses malades sa dette de chaque jour, il demandait aux travaux scientifiques une occupation nouvelle. Son esprit ne connaissait pas le repos, ce qu'attestent les diverses annales scientifiques de France, l'*Album* de la Réunion et les organes de la presse locale qui publièrent le résultat de ses travaux.

Il fut un des principaux fondateurs de la Société d'acclimatation de l'île de la Réunion, et comme vice-président il s'en est toujours occupé avec activité et succès jusqu'en 1866. C'est à Charles Coquerel qu'on doit le développement qu'avait pris, dans ces dernières années,

cette institution si utile, dont un savant aussi expéri-
menté que lui pouvait tirer de bons et salutaires résultats.
Le *Bulletin trimestriel*, qui se publiait sous sa direction,
montre, par des articles pleins d'intérêt, le but élevé qu'il
s'était proposé; il cherchait surtout à donner aux créoles
le goût des études scientifiques. A son instigation (1),
on fit à Maurice et à Rodriguez des recherches actives
qui ont amené la découverte de squelettes presque com-
plets du Dronte et du Solitaire, oiseaux qui ont disparu
du sol depuis deux cents ans et dont l'étude présente à
la science un vif intérêt. Charles Coquerel a inséré dans
les comptes rendus de l'Académie un mémoire remar-
quable sur le Dronte, à propos des ossements qui ve-
naient d'être découverts à Maurice.

Toutes ces études ne l'empêchaient pas de s'occuper
activement de ses devoirs, et, comme directeur de l'hôpital colonial, il a su s'attirer, par son affabilité et sa
science, l'estime et l'affection de tous ceux qui l'appro-
chaient.

Il a publié, à diverses époques, plusieurs études mé-
dicales; celles sur les larves de la Lucilia hominivorax
(Coq.) qui se développent dans les sinus frontaux, les
fosses nasales et le pharynx de l'homme, et sur l'examen

_____

(1) *Album de l'île de la Réunion*. « Des animaux perdus qui habitaient les îles Mascareignes, » 1863.

microscopique des lésions qu'on observe dans l'affection connue sous les noms de Pérical, ou Pied de Madura, sont du plus haut intérêt en ce qu'elles ajoutent à l'histoire de la médecine.

Les travaux entomologiques de Charles Coquerel sont de tous les plus importants. Il avait réuni une très-belle collection de coléoptères, riche surtout en espèces nouvelles de Madagascar et des îles Mascareignes, et il se préparait à publier la faune entomologique du beau et riche pays dont il s'est si longtemps occupé et sur lequel il a recueilli tant de précieux matériaux. Le dernier article qu'il ait écrit lui est arrivé imprimé, seulement quelques jours avant sa mort ; il concernait les différentes espèces de Bombyx qui donnent la soie à Madagascar.

Je ne m'étendrai pas sur tous les travaux qu'il a laissés (1) ; ce n'était que les premiers fondements d'œuvres plus complètes et plus étendues.

Son activité ne fut interrompue que par les crises de la maladie cruelle qui l'a emporté. En mars 1866, il revint chercher la santé sous le ciel de France et retourna à Bourbon en octobre de la même année, espérant l'avoir retrouvée. Cet espoir ne fut pas de

(1) Voir la liste des écrits de Charles Coquerel, à la fin de la Notice.

longue durée, il retomba plus gravement atteint qu'il ne l'avait encore été. Cédant à la fin aux trop justes alarmes d'amis qui l'entouraient de leurs soins, il tenta l'essai du climat moins chaud et plus salubre de Salazie (île de la Réunion). Il y mourut le 13 avril 1867. Ce malheur a eu un douloureux retentissement parmi tous ceux qui ont connu ce savant modeste et cet homme de bien.

Charles Coquerel n'avait jamais recherché ni le pouvoir ni la renommée; une vie simple et laborieuse occupait tous ses instants. Il aimait toutefois à s'entourer d'amis pour lesquels il était un lien affectueux, un conseil bienveillant. Sa conversation, pleine de charmes, était semée de tours piquants et de saillies originales : aux ressources d'une érudition rare, il unissait les grâces d'un esprit fin et délicat. Ceux qui avaient le bonheur de se réunir chez lui pour la causerie du soir ne peuvent se rappeler sans étonnement les questions diverses, scientifiques, littéraires, artistiques, qu'il traitait avec autant de justesse que de science ; comme ceux qui ont beaucoup vu et qui ont observé avec fruit, il était étranger à peu de connaissances. Quoique toujours éloigné des centres intellectuels, il se tenait au courant du grand mouvement d'idées qui s'opère de notre temps, et il connaissait toutes les publications nouvelles des sciences et de philosophie.

Le trait le plus saillant de son caractère, c'était sa bonté et sa loyauté. Tout acte contraire à l'honneur soulevait son indignation, et avec sa noble indépendance de caractère il exprimait son ressentiment en des termes pleins d'une vivacité qui lui a quelquefois suscité des inimitiés passagères; mais il était si bon qu'on ne pouvait lui tenir longtemps rigueur.

Chacun le recherchait pour la droiture et la délicatesse de son cœur, et pour la confiance qu'il inspirait à tous; chacun admirait la multiplicité de ses connaissances, et nous pouvons dire en toute sécurité que sa mort est un véritable deuil pour sa famille, pour ses amis et pour la science.

ALFRED GRANDIDIER.

Château de Fleury-Mérogis, le 6 juillet 1867.

LISTE

DES ÉCRITS DE CHARLES COQUEREL.

1848. Note sur les habitudes des Tanrecs et de l'Éricule (Revue de zoologie).

Note sur une nouvelle espèce de Musaraigne, trouvée à Madagascar (Ann. des sciences naturelles, t. IX).

Observations entomologiques sur divers insectes recueillis à Madagascar (Ann. de la Soc. entomol.).

1849. De la Cécité nocturne (Thèse pour le doctorat en médecine).

Observations entomologiques sur divers Coléoptères recueillis aux Antilles (Ann. de la Soc. entomol.).

1850. Note sur la prétendue poussière cryptogamique que l'on observe sur le corps de certains insectes (Ann. de la Soc. entomol.).

Note pour servir à l'histoire de l'Arpus Robini, et description de sa larve (Ann. de la Soc. entomol.).

1851. Monographie du genre Potamophilus (Revue zoologique).

1852. Observations entomologiques sur divers insectes recueillis à Madagascar (Ann. de la Soc. entomol.).

1855. Description des parasites anormaux d'un figuier de l'île Bourbon (Revue de zoologie).

Sur les Bombyx qui produisent la soie à Madagascar (Bull. de la Soc. zool. d'acclimat.).

Observations entomologiques sur divers insectes recueillis à Madagascar (Ann. de la Soc. entomol.).

1856. Observations entomologiques sur divers insectes recueillis à Madagascar (Ann. de la Soc. entomol.).

1858. Des larves de Diptères développées dans les sinus frontaux et les fosses nasales de l'homme, à Cayenne,
Lucilia hominivorax (Arch. génér. de méd.).

Essai sur les Coléoptères de Barbarie, en collaboration
avec M. L. Fairmaire.

1859. Nouveau cas de mort produit par la *Lucilia hominivorax*
(Ann. de la Soc. entomol.).

Note sur la larve de la *Mégacephala ruphratica* (Ann. de
la Soc. entomol.).

Note sur quelques insectes de Madagascar et de Bourbon
(Ann. de la Soc. entomol.).

Notes de mammalogie; description d'un Lémurien nouveau; des mœurs des Galidictis (Revue de zoologie).

Note sur une larve d'Œstride, extraite du bras d'un
homme, à Cayenne (Revue de zoologie).

Sur un nouveau cas de mort produit par le développement des larves de la *Lucilia hominivorax* dans le
pharynx, et description de la larve de ce diptère (Arch.
génér. de méd.).

1860. La Monandroptère agrippante (Album de la Réunion).

Essai sur les Coléoptères de Barbarie, en collaboration
avec M. L. Fairmaire.

1861. Espèces nouvelles du genre Sternotomis (Ann. de la Soc.
entomol.).

Orthoptères de Bourbon et de Madagascar (Ann. de la
Soc. entomol.).

1862. Notes sur quelques larves d'Œstrides, en collaboration
avec M. Aug. Sallé (Ann, de la Soc. entomol.).

Notes sur des larves de Diptères développées dans des
tumeurs d'apparence furonculeuse, au Sénégal, en
collaboration avec M. Mondière (Ann. de la Soc. entomol.).

Description de larves de Coléoptères de Madagascar (Ann.
de la Soc. entomol.).

1863. Des animaux perdus qui habitaient les îles Mascareignes
(Album de la réunion).

Caractères zoologiques de la grande Caille de Madagascar (Bull. de la Soc. d'acclimat. de l'île de la Réunion).

Notes sur les os du Dronte, récemment découverts à
Maurice (Album de l'île de la Réunion).

Note sur les Vers à soie de Madagascar (Bull. de la Soc.
d'acclimat. de l'île de la Réunion).

1864. Catalogue des animaux qui se rencontrent à la Réunion
(oiseaux) (Bull. de la Soc. d'acclimat. de l'île de la
Réunion).

1865. Note sur l'examen microscopique des lésions qu'on observe dans l'affection connue sous les noms de Pérical, Pied de Madura (Comptes rendus de la Soc. de
biologie),

1866. Essais sur les Coléoptères de Barbarie (3e partie), en collaboration avec M. L. Fairmaire.

Sur le Dronte, à propos d'os de cet oiseau, découverts
à Maurice, en collaboration avec M. D. Gervais
(Comptes rendus de l'Académie des sciences).

Faune de Bourbon (Coléoptères) (Ann. de la Soc. entomol.).

Sur l'Actias cometes (Album de la Réunion).

Des différentes espèces de Bombyx qui donnent de la
soie à Madagascar (Ann. de la Soc. d'entomol.).

PARIS. — J. CLAYE, IMPRIMEUR, RUE SAINT-BENOIT, 7.

IMPRIMERIE J. CLAYE
RUE SAINT-BENOIT 7
LABOR
PARIS